HAMBURGER BILDERBUCH

Holten Tüffel

Bildtexte: Rolf Appel

Übersetzung der Texte:
Lucy Horovitz ins Englische, Micheline Theune ins Französische,
Gisela Villanueva ins Spanische

Fotos:
N. von Albedyll — Michael Bässler — Otto Bender — Bildarchiv der
SF-Bau Köln (Freigabe LA-Hmb 3163/73) — Gertrude Bretsch —
A. Deimling-Ostrinsky — Deutsche Luftbild KG — E. W. Haase —
Hans Hartz — Walter Lüden — Fritz Mader — Meyer-Veden — E.
Moosherr — Studio Schmidt-Luchs — PRINTAS-Verlagsarchiv
dpa Frankfurt — Foto-Germin — Rüdiger Kluge

1. Auflage 1958   6. Auflage 1967
2. Auflage 1959   7. Auflage 1969
3. Auflage 1961   8. Auflage 1971
4. Auflage 1963   9. Auflage 1972
5. Auflage 1965   10. Auflage 1974

11. Auflage 1975
Nachdruck verboten · Alle Rechte vorbehalten
Satz und Druck: Ludwig Appel & Sohn
Einband: Ladstetter GmbH.

HAMBURGER BILDERBUCH

EIN BILDBAND MIT 24 SCHWARZWEISS-, 32 FARBFOTOS
UND 9 KUPFERSTICHEN NACH CHRISTOFFER SUHR

PRINTAS VERLAGSGESELLSCHAFT — HAMBURG
(I. HEILMANN VERLAG)

Dieses „Hamburger Bilderbuch" ist eine bemerkenswerte Visitenkarte unserer Stadt. Man nimmt es gern selbst zur Hand, gibt es aber ebensogern in andere Hände. Dieses Buch weckt das Interesse des Betrachters an einer Stadt, die näheres Hinsehen belohnt mit dem Erleben und der Erfahrung, daß der Stadtstaat zwischen Elbe und Alster mehr ist, als ein Geflecht pulsierender Verkehrsadern, als eine Hafen- und Industrieregion von internationalem Zuschnitt, als der Wohn- und Arbeitsplatz hunderttausender Bürger.

Die Fotografen, die uns auf den nachfolgenden Seiten die Augen öffnen, interpretieren nicht. Sie geben nur preis, was diese Stadt an Sehenswertem zu bieten hat und deshalb auch nicht zu verbergen braucht. Ihre Bilder gewähren historische und heutige Einblicke. Sie schaffen Verständnis auch für das, was sich an Leben, persönlicher Entfaltung und städtischer Entwicklung einer Metropole in ihnen ausdrückt: Der Wille der Menschen, aus ihrer Stadt Hamburg auch für die Zukunft etwas zu machen, sie zu einer tragfähigen Basis einer solidarischen Gesellschaft zu entwickeln, zu einem Lebensmittelpunkt voller Dynamik und Abwechslung mit reichhaltigen Möglichkeiten für die Bürger, nach eigener Fasson selig zu werden.

Diese 11. Auflage des „Hamburger Bilderbuch" zeichnet getreu und nachvollziehbar diese Entwicklung nach. Die Bilder der Stadt, die uns vermittelt werden, repräsentieren nicht nur die „gute Stube" Hamburgs. Vielmehr folgen die Objektive der Fotografen dem Pulsschlag der Stadt, wo immer sie lebendig ist, Menschen in ihr wohnen, arbeiten, lernen und ihre freie Zeit verbringen: In den Einkaufs- und Geschäftsadern rund um die Alster, in den Parks und Grünanlagen und Wasserflächen im Herzen der Hansestadt, im Hafen — dem Handels- und Umschlagplatz nach Übersee —, auf den großen, überregionalen und internationalen Verkehrswegen, die Hamburg in den Blickpunkt Europas rücken.

Nicht nur den Hamburgern, vor allem auch ihren Gästen kann und wird dieser Band das Gefühl geben, eine Stadt gesehen zu haben, die einmalig, aber nicht sensationell ist, die mehr Sehenswertes als Spektakuläres hat, die es aber trotz allem oder gerade deshalb sehr wohl „in sich hat".

Deshalb ist das „Hamburger Bilderbuch" in der Tat die Visitenkarte einer bemerkenswerten Stadt.

Hans-Ulrich Klose

Erster Bürgermeister der Freien und Hansestadt Hamburg

Hamburg - Stadt ohne Beispiel

Worin liegt eigentlich das Besondere, das diese Stadt auszeichnet? Was hebt sie und ihre Bewohner, die sich überall in der Welt mit dem Ruf „Hummel Hummel" grüßen, von anderen Städten unseres Landes ab? Ist es das Zusammenspiel vieler, oft gegensätzlicher und eben nur hier vorhandener Faktoren?

Deutschlands bedeutendster Hafen entstand vor 1150 Jahren dort, wo die Alster in die Elbe mündet. Ursprünglich war Hamburg jedoch eine Alsterstadt, denn als Hafen diente noch im Mittelalter das Nikolaifleet. Nur langsam wuchsen Häuser, Speicher und Straßen an die Elbe heran, wurden die Bewohner sich der bevorzugten Lage ihrer Stadt als Tor zur Welt bewußt.

Heute fließt die Alster mitten durch die Stadt und weitet sich sogar zu einem großen See aus, auf dem weiße Dampfer und Fähren verkehren, Segel- und Ruderregatten veranstaltet werden und worin sich nachts die bunten Lichter der Großstadt spiegeln.

Hier die Alster, idyllischer Gegenpol zur gewaltigen Elblandschaft, umgeben von Parks und Grünanlagen: Glanzpunkt der Weltstadt; dort der Hafen mit seinen Kaianlagen, Werften, Industriebetrieben, Kränen, Lagerhallen: pulsierendes Wirtschaftsleben.

Dazu die Kulisse einer dynamischen Millionenstadt, der man auf Schritt und Tritt die Verbindungen zu den Ländern in aller Welt anmerkt — ein Zentrum der Büros und Handelshäuser.

Nur wenig blieb von dem alten Hamburg erhalten. Der große Brand von 1842 und die Bombenangriffe des Jahres 1943 haben die historischen Gebäude des Mittelalters weithin vernichtet. Reizvoll ist darum der Kontrast, letzte Zeugnisse alt-hamburgischen Fachwerkbaus umgeben zu sehen von modernen Hochbauten.

Ein Blick von den St. Pauli-Landungsbrücken zeigt nur einen Ausschnitt aus dem quirligen Leben des Hafens. Einen vollständigen Eindruck gewinnt man erst durch eine Hafenrundfahrt: Da flitzen die Barkassen, die Schlepper, da schaukeln bedächtig die großen weißen Hafenfähren, da werden die Frachter an ihren Liegeplatz bugsiert, da werden alle nur möglichen Güter geladen und gelöscht, und es ist kaum vorstellbar, daß diese scheinbar plan- und ruhelose Betriebsamkeit von vielen Kontoren aus gesteuert wird, so daß Schiffe von mehr als siebzig Nationen — fast 20 000 sind es in einem Jahr! — in diesem „schnellen Hafen" festmachen.

Etwas Besonderes sind Hamburgs zahlreiche Parks, die sich am Elbufer aneinanderreihen, jeder in seiner Art eigenwillig und großzügig angelegt. Selbst der Ohlsdorfer Friedhof, wohl der größte in Europa, wurde durch gärtnerische Kunst in eine so wundervolle Parklandschaft verwandelt, daß der Hamburger dort gern seinen Sonntagsspaziergang macht. Und dann der Alsterpark mit seinem Blick auf die Innenstadt, Planten un Blomen mit dem neuen Congreß-Centrum, der Altonaer Volkspark mit dem bekannten Sportstadion, der Stadtpark mit seinen Anlagen, Spiel- und Sporteinrichtungen, einem Schwimmbad, dem Planetarium mit dem Wasserturm, ja sogar einem Hundespielplatz, und nicht zuletzt Hagenbecks berühmter Tierpark.

Zahlreich sind die Museen, die Hamburg zu bieten hat, und weitaus zahlreicher — das weiß nicht einmal der Hamburger — sind die vielen Galerien moderner Kunst, achtzig an der Zahl, die sich nicht wie anderswo auf die gewohnten Künstlerviertel erstrecken, sondern über die ganze Stadt verteilt sind.

Da hat Hamburg seine „englische Ecke", sein Pöseldorf, da hat es seine im Norden der Stadt neuerbaute City, wo die großen Firmen sich niedergelassen haben, da gibt es das Bankenviertel, den Jungfernstieg mit dem Alsterpavillon und — St. Pauli mit der Reeperbahn.

Und mitten in der City steht, vom Kriege wie durch ein Wunder fast ganz verschont geblieben, der würdige Bau des Rathauses, das — typisch für Hamburg — Stadtverwaltung und Börse unter einem Dach vereint.

Hamburg ist eine der ältesten Stadtrepubliken Europas, wo der Bürgermeister nicht Oberbürgermeister heißt, sondern als Erster Bürgermeister der Präsident der Landesregierung, des Senats, nur „Erster unter Gleichen" ist.

Die Elbe und das Meer, der Handel und die fortwährende Begegnung mit Menschen anderer Nationen, dazu das Klima, haben wohl durch Generationen hindurch jenen Typus des Hamburgers geschaffen, der sich durch Solidität, Weltoffenheit und nüchternen Kaufmannsgeist auszeichnet, so daß man Hamburg eine sehr freie, sehr zuverlässige, auf alle Fälle aber eine sehr schöne und liebenswerte Stadt nennen kann.

Hamburg - City without a Peer

What is it in particular that distinguishes this city? What is it that makes this city and its inhabitants, who all over the world greet each other with "Hummel, Hummel", so different from other towns and cities in our country? Is it the interplay of a number of often contradictory factors which are only to be found here in Hamburg?

Germany's most important harbour was founded 1150 years ago at the spot where the Alster flows into the Elbe. Originally, however, Hamburg was a town on the Alster because in the middle ages it was the Nikolai-Fleet (canal) which served as a harbour. Only gradually did the houses, warehouses and streets spread out towards the Elbe and the inhabitants become aware of the very advantageous site of their city as a gateway to the world.

Today the Alster flows right through the middle of the town and even broadens into a wide lake on which ply white steamers and ferries, where sailnig and rowing regattas take place and where at night the bright lights of the city are reflected on the water.

Here lies the Alster, flanked by banks and green spaces, the show place of the city, an idyllic contrast to the mighty Elbe landscape; there lies the harbour with its quays, shipyards, factories, cranes and warehouses, the centre of pulsating commercial life. The whole provides the setting for this dynamic city of over one and a half million souls where at every step taken one sees the links which connect Hamburg with countries all over the world — a centre of offices and trading houses.

Only a little has been left of the old Hamburg. The great fire of 1842 and the bombing raids of the year 1943 largely destroyed the historic buildings of the middle ages. It is thus fascinating to see the last examples of old Hamburg half-timbered houses surrounded by modern multi-storey buildings.

A view from the St. Pauli Landing Stages shows just one section of the bustling life of the harbour; one only obtains a complete overall impression by taking a harbour trip: there the launches and tugs dart by, there the large white harbour ferries roll gently, there the freighters are towed to their berths, there all sorts of cargoes are loaded and unloaded and it is scarcely conceivable that this apparently haphazard and confused activity is controlled from a number of offices in such a way that ships from more than 70 nations — almost 20,000 in a single year! — tie up in this "fast port".

Something quite special are Hamburg's numerous parks which lie adjacent to one another along the Elbe, each in its own way individually and generously laid out. Even the Ohlsdorf Cemetery, actually the largest in Europe, has been transformed by skilled gardening into such an attractive park that the Hamburger loves to take his Sunday afternoon stroll there. Then there is the Alster Park with its view of the city centre, "Planten un Blomen" with the new Congress Centre, Altona Volkspark with its famous sports stadium, the Stadtpark with its facilities for sports and games which include a swimming bath, the planetarium with the water tower and even a playground for dogs and, last but not least, Hamburg possesses Hagenbeck's famous zoo.

Hamburg has also a large number of museums to offer and, even more numerous — even the Hamburger does not know this — are the many galleries of modern art, 80 in all, which different from elsewhere, are not to be found in the usual artistic quarters but scattered over the whole town.

Then Hamburg has its "English corner", its Pöseldorf; there in the north of the town its new built City where the large firms have their head offices; then there is the banking quarter, the Jungfernstieg with the Alster Pavillon and — St. Pauli with the Reeperbahn.

And in the middle of the city, by a miracle almost undamaged by the war, stands that dignified building, the City Hall, which typical for the Free and Hanseatic City of Hamburg, combines the city administration and the stock exchange under one roof.

The Elbe and the sea, trade and continuous contact with people of other nations and the climate as well have in the course of generations contributed to the development of that type of Hamburger who is distinguished by his reliability, his cosmopolitan outlook and his sober sense of commercialism with the result that one can define Hamburg as a very liberal and reliable city but at the same time as a city of great charm and attraction.

Hambourg - ville sans égale

En quoi réside exactement la particularité de cette ville? Qu'est-ce qui la distingue, elle et ses habitants, qui partout dans le monde se saluent au cri de "Hummel Hummel", des autres villes de notre pays? Est-ce l'ensemble de nombreux facteurs, souvent contraires et qui ne se retrouvent qu'ici?

Le port le plus important de l'Allemagne prit naissance avant 1150, à l'endroit où l'Alster et l'Elbe se rejoignent. Au debut, Hambourg etait toutefois tournée vers l'Alster car, au Moyen Age, c'etait le Nikolaifleet qui servait encore de port. Ce n'est que lentement que maisons, entrepôts et rues apparurent aux abords de l'Elbe, que les habitants prirent conscience de la situation excepcionelle de leur ville comme porte ouverte sur le monde.

Aujourd'hui, l'Alster coule au milieu de la ville pour aller s'élargir en un grand lac que sillonnent des sortes de bateaux-mouches et des bacs, où sont organisées régates et courses d'aviron et où se reflètent, la nuit, les multiples lumières de la ville.

Ici l'Alster, idyllique, s'opposant au grandiose paysage de l'Elbe, entouré de parcs et d'espaces verts: parure de la métropole. Là, le port avec ses quais, ses chantiers, ses industries, ses grues, ses entrepôts: pulsations de l'activité économique.

Là-dessus les coulisses d'une grande ville dynamique où l'on remarque à chaque pas les liens qui sont les siens avec les autres pays du monde entier, un centre de bureaux et de maisons de commerce.

Il est resté bien peu de choses du vieux Hambourg. Le grand incendie de 1842 et les bombardements de 1943 ont détruit pratiquement tous les édifices historiques datant du Moyen Age. Le contraste entre les derniers restes des vieilles constructions à colombage typiques de Hambourg et les édifices modernes qui les entourent en a d'autant plus de charme.

Un coup d'oeil depuis St-Pauli-Landungsbrücken ne donne qu'un aperçu de la vie trepidante du port. Seul un tour du port en bateau peut offrir un impression d'ensemble: barcasses, remorqueurs qui filent, grands bacs blancs qui se balancent posément, cargos qui sont conduits à leur place, toutes les marchandises possibles et imaginables qui sont chargées et déchargées, on a vraiment peine à s'imaginer que cette activité apparemment désordonnée et fébrile est dirigée depuis de nombreux comptoirs: des bateaux de plus de 70 nations — presque 20000 par an — viennent ancrer dans ce port réputé rapide.

Une particularité de Hambourg, ce sont les nombreux parcs qui s'alignent le long de l'Elbe, avec chacun un site original et enchanteur. Le cimetière d'Ohlsdorf lui-même, le plus grand d'Europe, s'est métamorphosé, grâce au talent de paysagistes, en un parc si merveilleux que le Hambourgeois y fait volontiers sa promenade de dimanche. Et puis il y a le parc de l'Alster avec sa vue sur le centre de la ville, Planten un Blomen avec le nouveau Palais des Congrès, le parc municipal d'Altona avec son stade bien connu, le "Volksparkstadion", le parc municipal de la ville, le "Stadtpark", avec ses installations pour les jeux et les sports, une piscine, le planétarium et le château d'eau et même un terrain de jeux pour chiens, enfin le parc zoologique de Hagenbeck.

Nombreux sont aussi les musées qu'offre Hambourg et plus nombreuses encore sont les galeries d'art moderne (ce que ne savent pas les Hambourgeois) qui, au lieu d'être groupées, çomme c'est normalement le cas, dans le quartier des artistes, sont dispersées dans toute la ville.

Ici Hambourg a son "coin anglais", son Poeseldorf, là il a sa toute nouvelle "city", au nord de la ville, où les grosses firmes se sont fixées, là se trouvent le quartier des banques, le Jungfernstieg avec l'"Alsterpavillon" et le quartier St Pauli avec la Reeperbahn.

Au coeur de centre des affaires, se dresse l'édifice de l'Hôtel de Ville par miracle à peine touché par la guerre, et qui, fait typique pour Hambourg, abrite sous le même toit administration municipale et bourse.

Hambourg est l'une des plus anciennes villes autonomes d'Europe où le maire ne s'appelle pas Premier Maire mais, en tant que Premier Maire et Président du gouvernement du Land et du Sénat, seulement "Primus inter pares".

L'Elbe et la mer, le commerce et des contacts constants avec des représentants d'autres nations, tout cela a contribué à former, au fil des générations, ce type de Hambourgeois qui se signale par sa solidité, son ouverture d'esprit, son esprit commerçant, et l'on peut dire de Hambourg que c'est une ville très libre, très sérieuse, mais aussi très belle et très attachante.

Hamburgo - Ciudad sin ejemplo

¿En qué consiste lo especial, que a esta ciudad caracteriza? ¿Qué es lo que eleva a ella y sus habitantes, que por todo el mundo con el grito "Hummel, Hummel" se saludan, por encima de otras ciudades? ¿Es el conjunto de muchos, frecuentemente opuestos factores que solo aquí se encuentran?

La ciudad más importante de Alemania fue fundada hace 1150 años, donde el rio Elba y su afluente el Alster se unen. Al principio era Hamburgo una ciudad a orillas del Alster, ya que hasta la Edad Media le sirvió de puerto el "Nikolaifleet". Lentamente se fueron construyendo casas, almacenes y calles a las orillas del Elba y sus habitantes se dieron cuenta de la inmejorable posición de la ciudad como "Tor zur Welt", (Puerta al Mundo).

Hoy discurre el Alster por el centro de la ciudad, ensanchandose hasta formar el lago por el que los blancos barcos navegan o se organizan regatas de veleros o barcas de remo y donde en la noche las coloridas luces de la ciudad se reflejan.

Aquí el Alster, contraste idílico al inmenso paisaje del Elba, rodeado de parques y zonas verdes; allí el puerto con sus muelles, astilleros, industria, grúas y almacenes, latente vida económica.

Sobre esto el bastido de una dinámica ciudad que a cada paso nos muestra sus relaciones con el mundo entero, un centro de oficinas y casas de comercio.

Poco se conserva del viejo Hamburgo. El gran incendio del año 1842 y los bombardeamientos del año 1943 han destruido los edificios históricos de la Edad Media. Por eso es atractivo el contraste que se nos ofrece al ver los últimos restos del viejo Hamburgo rodeados de modernos edificios.

Una mirada desde St. Pauli Landungsbrücken nos muestra solo una parte de la bulliciosa vida del puerto. Una completa impresión se gana mediante un viaje por el puerto: Ahí se deslizan las barcazas, los remolcadores, ahí se columpian pensativos los blancos barcos del puerto o son remolcados a sus muelles, aquí son cargadas y descargadas las más diversas mercancías y es difícil el poder imaginarse que este tráfico, en aparencia sin plan y sin pausa, sea dirigido desde muchas oficinas, ya que barcos de más de sententa nacionalidades — ¡casi 20.000 anuales! — anclan en este puerto.

Algo especial son los numerosos parques de Hamburgo, que a las orillas del Elba en fila se extienden, cada uno peculiar en su arte y generosamente cuidados. Incluso el cementerio de Ohlsdorf, el más grande de Europa, ha sido convertido por medio de obras maestras de jardinería en un maravilloso parque, de tal forma, que el hamburgués allí hace su paseo dominical. Después el parque del Alster con su vista hacia el centro de la ciudad, Planten un Blomen con su nuevo centro de congresos, el Altonaer Volkspark con su conocido estadio, el Stadtpark con sus instalaciones deportivas, piscina, el Planetarium con el depósito de aguas, incluso una instalación para que jueguen los perros y por último el zoo Hagenbecks.

Numerosos son los museos que Hamburgo ofrece y más numerosos todavía — esto no lo saben ni siquiera los hamburgueses — son las galerías de arte moderno, ochenta en total y no como en otras partes agrupadas en una determinada parte de la ciudad, sino que éstan desparramadas por toda la ciudad. Aquí tiene Hamburgo su "esquina inglesa", su Pöseldorf, allí en el norte su recien construida city, donde las grandes firmas han instalado sus domicilios, también hay un barrio de los bancos, el Jungfernstieg con su Alsterpavillon y St. Pauli con la Reeperbahn.

En el centro de la ciudad se alza el ayuntamiento, el cual inexplicablemente apenas recibió deterioros durante la guerra, es un ejemplo típico para la libre y hanseatica ciudad de Hamburgo, administración y bolsa bajo un mismo techo. Hamburgo es una de las repúblicas más antiguas de Europa, donde hoy el alcalde no se llama alcalde superior, sino que como primer alcalde, Presidente del Landesregierung y del Senado, solo es "Erster unter Gleichen" (primero entre iguales).

El Elba y el mar, el comercio y el continuo encuentro con gentes de otros paises y a ello el clima, han creado a través de generaciones este tipo de hamburgués, caracterizado por su solidez, espíritu abierto y el sobrio instinto comercial, de esta forma se ha creado la muy libre y muy leal ciudad de Hamburgo y al mismo tiempo una hermosa y querida ciudad.

Hamburg liegt wohl an der Elbe, aber vor allem rund um die Alster, und das abwechslungsreiche Miteinander von Wasser und Stadt ist das augenfälligste Kennzeichen des Hamburger Stadtbildes.

Überall sind Gewässer, die sich durch die Stadt ziehen, von grünen Gärten und vielen Parks umsäumt. Und die zahlreichen neuen Gebäude fügen sich organisch ein.

Vom Hotel Atlantic schaut man auf das andere Alsterufer, wo Fernsehturm und Loews Plaza die Skyline bestimmen.

It is true that Hamburg is situated on the Elbe, but, above all, it is situated along the Alster and the varying combination of water and city is the most eyecatching feature of Hamburg's townscape.

Everywhere there is water flowing through the city, surrounded by lush gardens and many parks. And the numerous new buildings fit in harmoniously.

From the Atlantic Hotel one can see across to the other side of the Alster where the Television Tower and Loews Plaza dominate the skyline.

Hambourg s'étend bien le long de l'Elbe mais surtout autour de l'Alster et cet ensemble varié de ville et d'eau est la caractéristique la plus marquante de la physionomie de Hambourg. L'eau est partout, elle se glisse à travers la ville, s'attardant dans de verts jardins et de nombreux parcs. Et les nombreux nouveaux immeubles s'encastrent de manière harmonieuse. Depuis l'hôtel Atlantic on a vue sur l'autre rive de l'Alster, où la Tour de Télévision et le Loews Plaza marquent l'horizon.

Hamburgo está situado a orillas del río Elbe, pero más carácterística todavía es su ubicación alrededor del Alster, y el variado conjunto que se va armonizando entre aguas y ciudad es la distintiva más evidente de ella misma.

Por todas partes se encuentran canales que recorren la ciudad bordeados por verdes jardines y parques. Al mismo tiempo, la gran cantidad de nuevas edificaciones se va integrando orgánicamente al conjunto.

Desde el hotel "Atlantic" se tiene una vista hasta la otra orilla del Alster, donde el Fernsehturm (a torre de televisión) y el hotel Loews Plaza caracterizan el paisaje.

Schöne Roosen

Bäume längs der Promenaden-straßen "Alsterufer" und „Harve-stehuder Weg", von denen man zu den Türmen der Innenstadt hin-übersieht.

Trees lines the avenues, "Alster-ufer" and "Harvestehuder Weg", from where one can see the steep-les of the city centre.

Arbres, le long des promenades "Alsterufer" et "Harvestehuder Weg", depuis lesquelles on aperçoit au loin les tours du centre.

Arboles a lo largo de los paseos "Alsterufer" y "Harvestehuder Weg", desde los cuales se pueden ver las torres del centro de la ciu-dad.

Mitten in der Weltstadt liegt die Alster, auf der sich die Hamburger Wassersportler vergnügen.

In the middle of the metropolis lies the Alster on which the Hamburg water sportsmen amuse themselves.

Au milieu de la métropole s'étend l'Alster, lieu de prédilection pour les amateurs de sports nautiques de Hambourg.

En el centro de la ciudad está el Alster, en cuyas aguas se divierten los hamburgueses aficionados a los deportes acuáticos.

Zwischen Dammtorbahnhof und dem Park „Planten un Blomen", wo bereits zweimal die Internationale Gartenbau-Ausstellung stattfand, befindet sich Hamburgs „Congress-Centrum" für die zahlreichen Großveranstaltungen und Tagungen. Modernste Kongreß-Technik in 17 Sälen für insgesamt 10 000 Personen wird geboten, dazu das Hochhaus-Hotel „Loews Hamburg Plaza" mit 534 Zimmern, von denen man einen weiten Blick über ganz Hamburg hat.

Between Dammtor station and the park, "Planten un Blomen", where the International Horticultural Show already took place twice, is situated Hamburg's "Congress-Centre" for numerous big events and conferences. The most modern congress-technique is offered to 10.000 people in 17 rooms, together with the skyscraper-hotel, "Loews Hamburg Plaza" with 534 rooms from which one has an extensive view over the whole of Hamburg.

Entre la gare de Dammtor et le parc de "Planten un Blomen", où s'est déjà tenue deux fois l'Exposition Internationale d'Horticulture, se dresse le Palais des Congrès de Hambourg. C'est là qu'ont lieu les nombreux congrès et grandes manifestations, avec les techniques les plus modernes dans le domaine des congrès: 17 salles pouvant accueillier en tout 10000 personnes et l'hôtel gratte-ciel "Loews Hamburg Plaza" avec ses 534 chambres d'où l'on a une vue magnifique sur tout Hambourg.

Para los numerosos congresos y actos culturales de importancia se encuentra, entre la estación de Dammtor y el parque de "Planten un Blomen"; el que ha sido, por segunda vez, sede de exposiciones internacionales de Diseño de Jardines, el "Congress Centrum Hamburg" (Centro de Congresos de Hamburgo). Aquí se presenta una muestra de la más alta técnica en el diseño y planeamiento de este tipo de edificaciones; en sus 17 salas tiene una capacidad de recepción para casi 10.000 personas y junto con él se encuentra el edificio del hotel "Loews Hamburg Plaza" con 534 piezas desde las cuales se tiene una vista de toda la ciudad.

Blom, schöne Blom

Am „Harvestehuder Weg"
stehen „Orpheus und Eury-
dike", geschaffen von der
Hamburger Bildhauerin Ur-
sula Querner.

Along Harvestehuder Weg
are exhibited the sculptures
"Orpheus and Eurydice" by
Ursula Querner, a Ham-
burg sculptress.

Au niveau de Harvestehu-
der Weg, nous trouvons
Orphée et Eurydice sculp-
tés par l'artiste hambour-
geoise Ursula Querner.

En Harvestehuder Weg se
halla expuesta la escultura
„Orpheo y Eurydice", cre-
ada por la escultora ham-
burguesa Ursula Querner.

Das Oberlandesgericht am Sieve-
kingsplatz.

The Superior Provincial Court at
Sievekingsplatz.

La Cour Régionale d'Appel à la
Place Sievekingsplatz.

El Tribunal Supremo en la plazuela
„Sievekingsplatz".

Hamburgs Wahrzeichen, die St. Michaeliskirche — kurz „Michel" genannt — zweimal reizvoll gespiegelt.

Hamburg's landmark, St. Michael's Church — called "Michel" in short — charmingly reflected twice.

L'emblême de Hambourg, l'église Saint Michel, appelée tout simplement Michel, dont le double reflet est plein de charme.

El símbolo de la ciudad de Hamburgo, la iglesia de Sankt Michaelis o, también, abreviadamente llamada Michel, reflejada aquí dos veces en una atrayente composición.

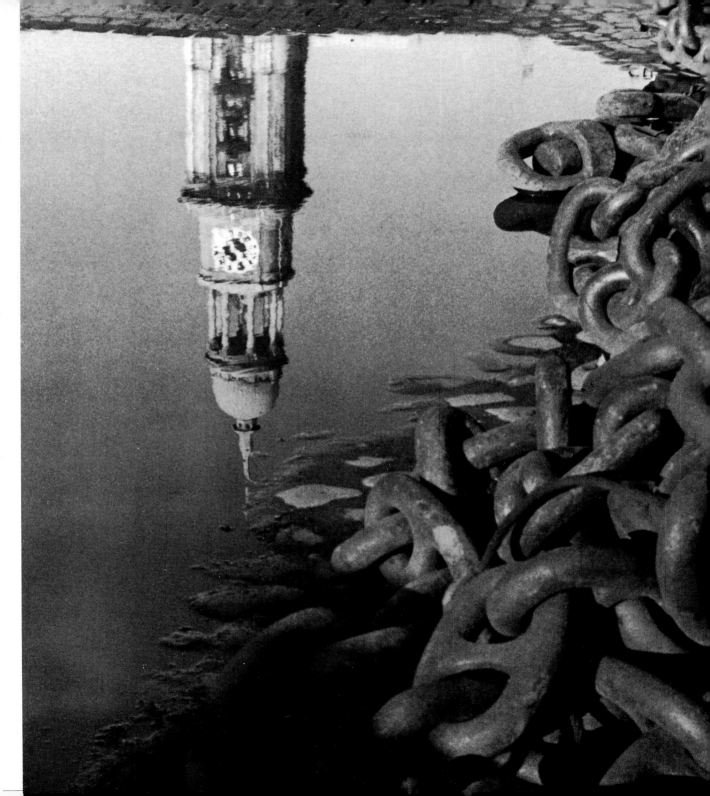

Binnenalster und Jungfernstieg bei Dämmerung.

Binnenalster and Jungfernstieg at dusk.

Binnenalster et Jungfernstieg au crépuscule.

La „Binnenalster" y la famosa avenida „Jungfernstieg" en la hora del crepúsculo.

Dammtorstraße mit der Staatsoper.   The Dammtorstraße with the   Le Dammtorstraße avec l'Opera.   La avenida „Dammtorstraße" con
                                       Opera.   el edificio de la Opera del Estado.

Segelboote auf der Außenalster.

Sailing yachts on the Lake Außenalster.

Yachts à voile sur le Lac Außenalster.

Yates de vela en el lago „Alster".

Blick über die Binnenalster auf den Ballindamm.

Panorama of Ballindamm across the Lake Binnenalster.

Panorama de l'avenue Ballindamm au-delà du Lac Binnenalster.

Vista panorámica a través del Binnenalster en dirección a la avenida „Ballindamm".

Links: Das Unilever-Hochhaus und die alte Musikhalle, die von dem Hamburger Reeder Ferdinand Laeisz der Stadt geschenkt wurde.

Die folgenden beiden Seiten zeigen die St. Michaeliskirche, die für Besucher der Turmplattform eigens einen Fahrstuhl besitzt. Ihrem Chor gegenüber befinden sich die Krameramtswohnungen am Krayenkamp, Zeugnisse alt-hamburgischer Fachwerkbauweise.

Left: the Unilever-Building and the old "Musikhalle" which was given as a present to the city by the Hamburg shipowner, Ferdinand Laeisz.

The following two pages show St. Michael's Church whose look-out tower has its own lift for visitors. Opposite the choir loft are located the offices and residence of Hamburg merchants along the "Krayenkamp", witnesses of the traditional Hamburg wood-frame construction.

A gauche: le building d'Unilever et l'édifice ancien de la "Musikhalle" (sale de concerts) dont l'armateur hambourgeois Ferdinand Laeisz fit cadeau à la ville.

Les deux pages suivantes montrent l'église Saint Michel qui, pour les visiteurs de la plate-forme du clocher, possède un ascenseur tout exprès. En face du choeur se trouvent les logements du "Krameramt" dans le Krayenkamp, témoignages de l'ancien type de construction à colombage hambourgeois.

A la izquierda: el edificio de Unilever y la antigua Musikhalle (teatro de espéctáculos musicales), cuyo edificio fue donado a la ciudad por el armador hamburgués Ferdinand Laeisz.

Las dos páginas siguientes muestran la iglesia de Sankt Michaelis la que posee, especiamente para los visitantes, un ascensor hasta la plataforma de la torre. Al frente de su coro se encuentran las viejas viviendas de los buhoneros, testimonio de la antigua arquitectura hamburguesa.

Scherenschlipp, Messerschlipp

Das Wahrzeichen Hamburgs, der „Michel“.

Hamburg's Landmark, St. Michael's Cathedral.

Marque distinctive de Hambourg, la Cathédrale St. Michel.

El símbolo de Hamburgo, la iglesia de San Miguel, llamada „Michel“.

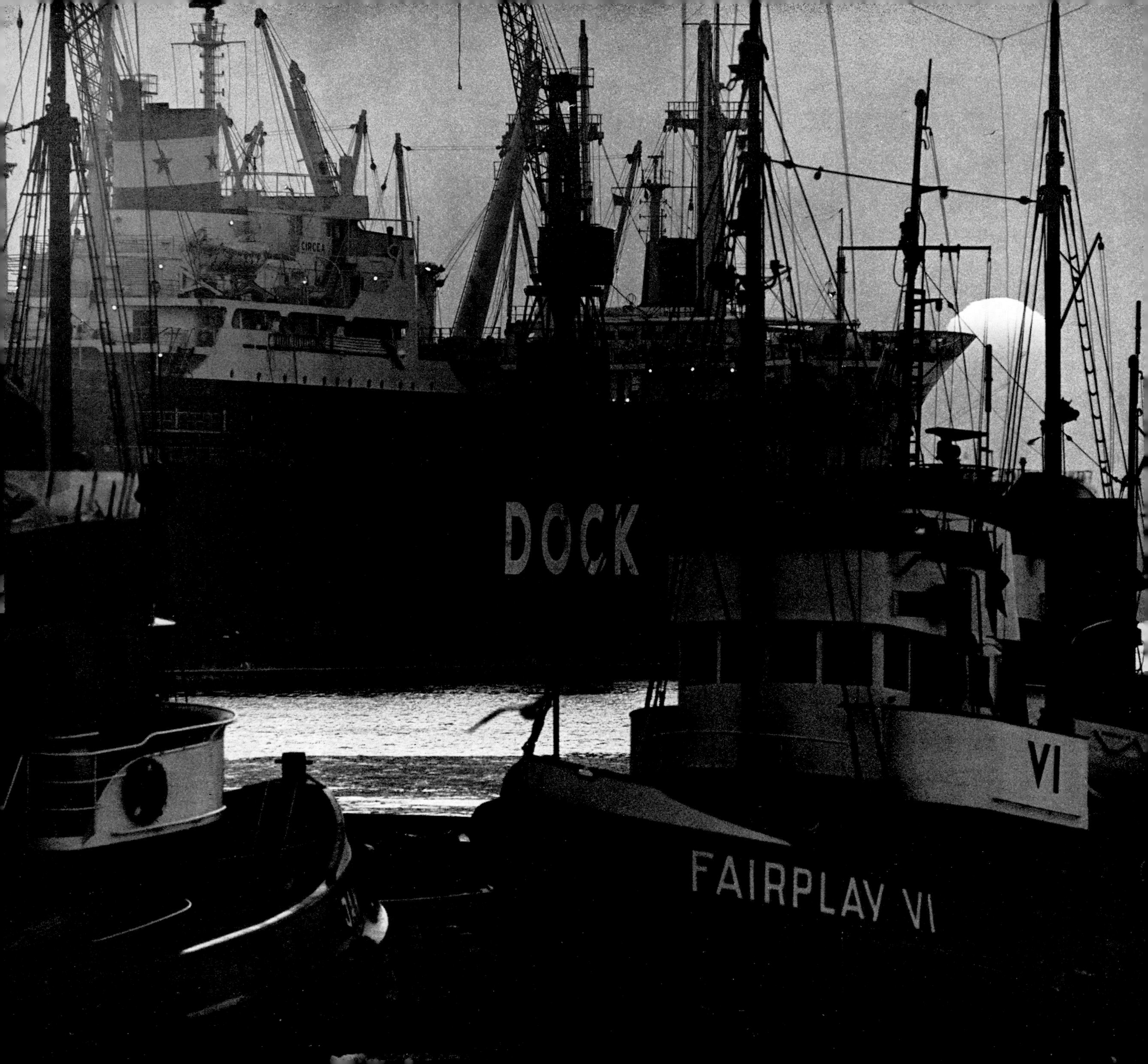
DOCK
VI
FAIRPLAY VI

Der Hafen ist eine Stadt für sich: rund 100 qkm Fläche, so groß wie die Insel Sylt. Die Uferstrecken sind etwa 270 km lang (fast die Entfernung von Hamburg nach Berlin), und etwa 20 000 Schiffe machen im Laufe eines Jahres im Hafen fest.

Und wie bescheiden hatte es dort einmal angefangen, wo heute das von Barlach errichtete Ehrenmal steht.

The port is a city in itself: it covers an area of approximately 100 square kilometers, as big as the island of Sylt. The waterfront area stretches over a distance of 270 kilometers. (Almost the distance from Hamburg to Berlin), and about 20.000 ships dock in the port during the course of a year.

And how modestly did it all begin, there where today stands the monument erected by Barlach.

Le port est à lui seul une ville: environ 100 km² de superficie, autant que l'île de Sylt. Il y a à peu près 270 km de rives (presque la distance Hambourg–Berlin) et le nombre des bateaux venant ancrer dans le port s'approche des 20000 par an. Pourtant, combien les débuts ont ete modestes, là où, à présent, s'élève le monument aux morts de la guerre érigé par Barlach.

El puerto constituye una ciudad aparte. Teniendo una superficie de más o menos 100 kilómetros cuadrados, es casi tán grando como la isla de Sylt. El total de muelles tiene una extensión de 270 kms., es decir, casi la distancia de Hamburgo a Berlín, cerca de 20.000 barcos arriban en un año a él.

Y cuán modestos habían sido los comienzos de lo que ahora es el puerto, ahí donde se encuentra la estatua hecha por Barlach.

Krabben, Krabben

VIERZIG
TAUSEND
SÖHNE
DER STADT
LIESSEN
IHR LEBEN
FÜR EUCH

1914 – 1918

Der Klinkerbau des Chilehauses wurde in der Form eines Schiffes erbaut. Die Reederei Sloman, die ausgedehnte Geschäfte mit Chile machte und dort auch große Ländereien besaß, gab diesem Bürohaus zur Erinnerung seinen Namen.

Chile House, a brick building in the form of a ship. The Sloman shipping line, which used to carry on extensive business with Chile and also owned large properties there, gave the office building this name in memory of this connection.

L'édifice en briques de la Maison du Chili reçut la forme d'un bateau. La société d'armateurs Sloman qui faisait beaucoup de commerce avec le Chili et possédait là-bas également de grands domaines, donna ce nom en souvenir à cet immeuble de bureaux.

La Casa de Chile, con su forma de barco. La firma naviera Sloman tuvo amplias relaciones comerciales con Chile, poseyendo al mismo tiempo grandes extensiones de terrenos, de aquí el nombre del edificio.

Vor der Bank für Gemein-
wirtschaft steht an der Domstraße die von Professor
Belling entworfene Plastik.
Im Hintergrund der Turm
der St. Katharinenkirche.

In front of the "Bank für
Gemeinwirtschaft" in the
Domstraße stands this sculp-
ture designed by Professor
Belling. In the background
the tower of St. Katharinen.

Devant la "Bank für Ge-
meinwirtschaft" (société
bancaire des syndicats alle-
mands), dans la Domstrasse,
on peut voir une sculpture
réalisée d'après un projet du
Professeur Belling.
A l'arrière-plan, le clocher
de l'église Sainte Catherine.

Delante del „Bank für Ge-
meinwirtschaft" en la Domstraße se encuentra la estatua del Profesor Belling. Al
fondo la torre de St. Katharinen.

An den St.-Pauli-Landungsbrücken beginnt für den Besucher aus dem Binnenland die weite Welt. Der Wind riecht nach Meer. Die frische Brise, die den Strom heraufweht, begleitet die großen Schiffe.

Hier beginnt die Hafenrundfahrt und die Fahrten die Elbe hinauf und hinunter, hier — an der Überseebrücke — stechen die großen Passagierdampfer in See.

For the visitors from the country, the big wide world begins at "St. Pauli-Landungsbrücken". The wind smells of the sea. The fresh breeze, which ripples the river, accompanies the large ships.

Here ist the beginning of the harbour sight-seeing tour and the trip up and down the Elbe; here, at the "Überseebrücke", the big liners put out to sea.

Pour les visiteurs de l'intérieur du pays c'est à "St.-Pauli-Landungs-brücken" (la gare maritime) que commence le vaste monde. Le vent sent la mer. La brise fraîche qui remonte le courant accompagne les grands navires. C'est ici que l'on prend le bateau pour faire le tour du port et pour remonter ou descendre l'Elbe, c'est ici, au niveau du "Pont d'Outre-Mer", que les grands paquebots appareillent.

En los muelles de Landungsbrücken comienza el "mundo grande" para el visitante del interior. El viento huele a mar. La brisa fresca que viene subiendo junto con el río, acompaña a los grandes buques.

Aquí comienzan los paseos en lanchas por el puerto y río abajo; desde aquí, en el muelle "Überseebrücke" (puente de Ultramar) zarpan los grandes barcos hacia rutas lejanas.

Aal — grön Aal

Passagierdampfer und Segelschul-
schiff an der „Überseebrücke".

Passenger liner and trainig sailship
along "Überseebrücke".

Paquebot et voilier-école à la
„Überseebrücke".

Buque transátlantico de pasajeros,
y fregata escuela en el Puente de
Ultramar „Überseebrücke".

Einen großen Anteil an Hamburgs gutem Ruf bei Kapitänen, Mannschaften, Reedern, Ex- und Importeuren hat der Arbeiter im Hamburger Hafen. Er ist durch den „Umgang mit der weiten Welt" geprägt worden, und Gründlichkeit und Nüchternheit zeichnen ihn aus, ob es sich dabei nun um Bugsierer, Winsch- und Decksleute, Stauer, Kranführer, Barkassenführer oder Werftarbeiter handelt. Meist sind sie an ihrer dunkelblauen Mütze zu erkennen und jener handfesten, immer erst abwägenden Art. Ein schneller Hafen genügt nicht, wenn ihm nicht der Ruf der Zuverlässigkeit vorausgeht.

A large measure of Hamburg's excellent reputation with captains, crews, shipowners, importers and exporters can be attributed to the worker in Hamburg's harbour. "Contact with the great wide world" has left its mark on him and his characteristics are steadiness and reliability, whether he be tugman, deckhand, winch hand, docker, crane operator, helmsman on a launch or shipyard worker. Mostly he can be recognized by his dark blue cap and his firm but at first restrained manner. A "fast" harbour is no use unless it has first earned a reputation for reliability.

Une grande partie de la bonne
réputation de Hambourg auprès
des capitaines, équipages, armateurs, exporteurs et importateurs
revient au travailleur du port
de Hambourg. Il a été marqué
par le "contact avec le vaste
monde" et se signale par sa
minutie et son sens de l'effica-
cité, qu'il s'agisse de ceux qui
travaillent sur les remorqueurs,
des arrimeurs, des conducteurs
de grue, de barcasse ou des
ouvriers des chantiers navals.
La plupart du temps ils sont
reconnaissables à leur casquette
bleu marine et à leur manière
d'être un peu rustre et réfléchie.
Pour un port, la réputation de
rapidité ne suffit pas si elle
n'est pas accompagnée de celle
de travail bien fait.

Gran parte de la buena fama
que Hamburgo tiene entre los
capitanes, dotaciones, navieros,
exportadores e importadores, es
debida a sus trabajadores por-
tuarios. Hecho y formado en
contacto con el amplio mundo,
es caracterizado por su solidez
y espíritu sobrio. La mayoria
de los pilotos de los remolcadores, servidores de las grúas
o gente de cubierta, timoneles,
estibadores o trabajadores de
los astilleros, son reconocidos
por su gorra azul y en su firme
y equilibrada forma de ser. No
es suficiente disponer de un
rapido servicio portuario, sino
que hay que tener buena fama
como gente de confianza.

Am 7. Mai 1189 verlieh der Kaiser Barbarossa dem neuen Handelsplatz an der Elbe die entscheidenden Handelsprivilegien.

Das war die Geburtsstunde des Hamburger Hafens, der heute der größte Seegüterumschlagplatz der Bundesrepublik und ein Zentrum des Welthandels ist.

On the 7th May, 1189, the Emperor Barbarossa bestowed decisive trading privileges to the new trading-post on the Elbe. That was the beginning of the port of Hamburg which is today the largest cargo emporium of the Federal Republic of Germany and a centre of international trade.

Le 7 mai 1189, l'Empereur Barberousse octroie les privilèges commerciaux décisifs à la nouvelle place marchande du bord de l'Elbe. C'est alors que naît le port de Hambourg, de nos jours le plus grand centre de transbordement de la République Fédérale et un centre de commerce international.

El 7 de mayo de 1189 el emperador Barbarosa otorgó al nuevo centro de comercio en el Elba los privilegios comerciales decisivos. Esa era la hora de nacimiento del puerto de Hamburgo, que en la actualidad, es el más grande de la República Federal y un centro del comercio mundial.

Laß, gerökerten Elvlaß

Löschen von Edelhölzern im Hafen.

Unloading of precious wood in the Port.

Déchargement de bois précieux dans le port.

Descarga de maderas preciosas en el puerto.

Das quirlige Leben im Hamburger Hafen wird vor allem
bestimmt durch seine wendigen
Barkassen, die die Arbeiter zu
ihren Arbeitsplätzen bringen,
und durch seine Schlepper, die
die großen Schiffe an ihre
Liegeplätze bugsieren.

The bustling life in Hamburg
harbour is largely determined
by its nimble launches which
bring men to their places of
work and by its tugs which tow
the big ships to their berths.

L'animation, dans le port, est
surtout due à ses barcasses, très
maniables, qui amènent les tra-
vailleurs à leur lieu de travail,
et à ses remorqueurs qui con-
duisent les grands navires à leur
place.

La agitada vida del puerto está
caracterizada por las ágiles
embarcaciones, transporte de
los obreros a sus puestos de
trabajo, y por su remolcadores,
que a los grandes barcos hasta
su lugar de anclaje remolcan.

Jährlich einmal findet das große Bar-
kassenrennen um das „Blaue Band der
Elbe“ statt. Festlich geflaggt nehmen
dann die tuckernden Boote daran teil,
die sonst einen wesentlichen Anteil an
der Arbeit im Hafen haben.

The great launch race for the „Blue
Riband of the Elbe“ takes place once
a year. Here ceremoniously flagged
take part all those puttering boats
which normally perform a substantial
part of the work in the harbour.

Une fois par an a lieu la grande course
des barcasses pour la "banderolle bleue
de l'Elbe“. Alors, tout pavoisés pour
la fête, y prennent part les braves
bateaux à moteur qui, d'ordinaire, sont
utilisés pour une importante partie du
travail du port.

Una vez al año se disputan en el
puerto las pequeñas embarcaciones la
„Cinta Azul del Elba“. Engalonadas
de fiesta toman parte en ella estas
embarcaciones que tan importantes
para la vida portuaria son.

Hamburgs Lage im Schnittpunkt der großen europäischen Warenmärkte EG, EFTA und COMECON und seine Tradition als überseeischer Markt lassen nicht nur die Güter der weiten Welt nach Hamburg strömen, sie haben die Stadt auch zur größten deutschen Industriestadt werden lassen. Allein auf den über 30 Werften arbeiten mehr als 200 000 Arbeiter und Angestellte.

Hamburg's position in the midst of the large European economic communities, the E.E.C., EFTA and COMECON and its traditon as an overseas trading-centre not only has wares pouring into it from all over the world, but has also made the city to one of Germany's major industrial centres. Alone more than 200.000 workers and employees work in more than 30 dockyards.

La situation de Hambourg au carrefour des grands marchés européens, CEE, AELE et COMECON ainsi que sa tradition de marché d'outremer ne lui amènent pas seulement les marchandises des pays lointain mais ont aussi fait d'elle la plus grande ville industrielle d'Allemagne. Dans sa trentaine de chantiers navals travaillent déjà plus de 200000 ouvrirs et employés.

La situación de Hamburgo como vértice de los grandes mercados comunes europeos tales como "EG", "EFTA" y "COMECON" y su tradición como mercado transatlántico, no solo hacen afluir mercaderías desde todas partes del mundo sino que, además, han transformado a Hamburgo en la ciudad más grande de la República Federal. Solamente en los astilleros, cuyo número sobrepasa los 30, trabajan más de 200.000 obreros y empleados.

Wörteln – geele Wörteln

Die neue Köhlbrandbrücke.

The new bridge "Köhlbrandbrücke".

Le nouveau pont "Köhlbrandbrücke".

El nuevo puente "Köhlbrand".

Rechts: Beim Wiederaufbau der St. Katharinenkirche hat man die Kirchturmspitze wiederum mit einer Krone versehen. Angeblich soll diese aus dem Goldschatz des Seeräubers Störtebeker angefertigt worden und aus Dankbarkeit der in Hafennähe stehenden Kirche übergestülpt worden sein.

Nächste Seite: Am U-Bahnhof Mundsburg sind die beiden Mundsburg-Türme entstanden, zwei Geschäfts- und Wohnhochhäuser.

Übernächste Seite: Die Hamburger City hat unmittelbar am Stadtpark eine „Schwester" erhalten: Die Geschäftsstadt Nord. Nach durchdachtem Plan sind „auf grüner Wiese" supermoderne Verwaltungsgebäude großer Unternehmen entstanden, die Arbeitsplätze für 35 000 Menschen bieten.

Right: During the rebuilding of St. Katharine's Church, the spires were furnished with a crown once again. It is said that it was made from the treasure of the pirate, Störtebeker, and, out of gratitude was given to the church which is situated in the vicinity of the port.

Following page: The two Mundsburg tall buildings were built at the tube station, Mundsburg: two business and apartment blocks.

The page after that: Hamburg's City Centre has without any doubt found a "sister" at the "Stadtpark". The business centre in the north. According to a well-conceived plan, supermodern administration buildings for big concerns, offering work to 35.000 people, were built in the midst of greenery.

A droit: lors de la reconstruction de l'église Sainte-Catherine, on a garni de nouveau la pointe du clocher d'un couronnement. A ce qu'on dit, ce dernier, a été fait avec l'or provenant du trésor du pirate Stoertebeker et placé, en signe de reconnaissance, sur le clocher de cette église située tout près du port.

Page suivante: les deux tours de Mundsburg, deux buildings de bureaux et d'appartements, s'élèvent près de la station de métro Mundsburg.

Page d'après: le centre des affaires de Hambourg possède à présent une "soeur" tout à côté du parc municipal: la "City Nord". A partir de plans bien étudiés on a construit sur la "verte prairie" des édifices supermodernes pour les bureaux de grosses entreprises offrant 35000 emplois.

A la derecha: En la reconstrucción de la iglesia de Sankt Katherinen la torre sido provista nuevamente de una corona. Según la leyenda, esta fue hecha con el tesoro de oro del pirata Störtebeker y colocada en gratitud a la iglesia, la que se encuentra cerca del puerto.

Próxima página: Cerca de la estación del metro "Mundsburg" han sido construídas las dos torres de Mundsburg; dos edificios de oficinas y departamentos.

Página subsiguiente: El centro de la ciudad de Hamburgo ha obtenido cerca del parque "Stadtpark" una hermana menor: la ciudad de oficinas del Norte. Después de un plan muy bien elaborado y concebido, nacieron aquí "sobre verdes campos" edificios supermodernos pertenecientes a grandes empresas, las cuales dan trabajo a 35.000 personas.

Elf Kilometer stromabwärts von den Landungsbrücken liegt Blankenese, sowohl im Sommer wie im Winter Hamburgs schönster Stadtteil.

Övelgönne bei Neumühlen ist einer der malerischen Winkel der Hansestadt, wo der Uferweg entlangführt an den kleinen Häusern alter Fahrensleute und Lotsen.

11 kilometers upstream from "Landungsbrücken" is situated Blankenese, Hamburg's most beautiful part in summer as well as in winter.

Övelgönne near Neumühlen is one of the most picturesque spots of the Hanseatic town; there, a line of small houses belonging to former sailors and pilots borders the path along the banks of the Elbe.

A onze kilomètres en aval de "Landungsbrücken", s'étend Blankenese, le plus joli quartier de Hambourg en été comme en hiver.

Près de Neumuehlen, Oevelgoenne est un des coins les plus pittoresques de la ville hanséatique, avec son chemin qui se faufile entre la rive et les petites maisons des vieux marins et pilotes.

Once kms. río abajo desde el embarcadero de Landungsbrücken está situado Blankenese, barrio que tanto en verano como en invierno es el más lindo de Hamburgo.

Övelgönne cerca de Neumühlen es uno de los ángulos más pintorescos de la Hansestadt (Hamburgo), allí donde el camino que bordea la orilla pasa por las viejas casas de los marineros y piloteros (prácticos de puerto).

Pöseldorf ist Hamburgs „englische Ecke" an der Außenalster. Seinen Namen hat dieser liebenswerte versnobte Stadtteil von den Handwerkern und Gärtnern, die einst hier in ihren Gärten „herumpöselten". Heute leuchten die Fassaden der alten Häuser in neuem Glanz, haben findige Architekten aus Remisen und Gartenhäusern Schmuckkästchen gemacht.

Pöseldorf is Hamburg's "English corner" on the outer Alster. This name was given to this charming, snobbish part of the city by the artisans and gardeners who once pottered about here in their gardens. Today, the façades of old houses gleam with a new polish; ingenious architects have made gems of houses out of coach-houses and summerhouses.

Poeseldorf, près de l'Alster Extérieur, est le "coin anglais" de Hambourg. Ce quartier gentiment snob tire son nom des artisans et jardiniers qui, autrefois, bricolaient ("herumpöseln") ici dans leurs jardins. Aujourd'hui, les façades des vieilles maisons brillent d'un nouvel éclat et des architectes pleins d'idées ont fait des remises et des petits pavillons de véritables bijoux.

Pöseldorf es la "esquina inglesa" de Hamburgo, cerca del Alster exterior. Este barrio amablemente snobista tiene su nombre de los artesanos y jardineros que hace mucho tiempo trabajaban con dedicación en sus casas y jardines. Hoy brillan las fachadas de las viejas casa con un nuevo resplandor; arquitectos ingeniosos han transformado las remisas y las cabañas en verdaderos joyeros.

Man nennt sie „die heißeste Meile der Welt", die Reeperbahn auf St. Pauli. Hier dreht sich das glitzernde Karussell des Amüsements die ganze Nacht, gleißen und locken die Lichtreklamen. Auf St. Pauli kommt auch der ausgefallenste Geschmack auf seine Kosten, wobei es nicht immer nach der feinen englischen Art zugeht ...

The "Reeperbahn" at St. Pauli is called "the hottest mile in the world". The glittering merry-go-round of amusements turns all through the night here; the electric signs sparkle and entice. At St. Pauli, the most eccentric taste can be as it is, although it is not always in accordance with the fine English style.

On l'appelle "la rue la plus chaude du monde", c'est la Reeperbahn à St Pauli. Toute la nuit y tourne l'étincelant carrousel des amusements, y brillent et attirent les réclames lumineuses. A St. Pauli les goûts les plus singuliers sont satisfaits, même si le raffinement n'est pas toujours de rigueur.

La "milla más caliente del mundo", así se denomina a la avenida Reeperbahn en el barrio de St. Pauli. Aquí el carrusel centelleante de las diversiones gira toda la noche y los anuncios fosforescentes del neón brillan y atraen.

En St. Pauli también el gusto más extravagante consigue satisfacción; hay que reconocer, sin embargo, que no siempre con "las finas costumbres inglesas" ...

Bergedorf, an dem Elbe-Nebenfluß Bille gelegen, mit seinem lebhaften Verkehr und der Industrie, gehört zum Hamburger Stadtstaat.

Es nimmt durch moderne Einkaufs- und Wohnanlagen immer mehr das Gepräge einer selbständigen Großstadt an.

Bergedorf, situated on a tributary of the Elbe called the Bille, with its lively traffic and industry, is part of the city state of Hamburg.

The city adopts more and more the features of an independent large city due to its modern shopping centres and apartment blocks.

Bergedorf, situé au bord de la Bille, affluent de l'Elbe, avec son trafic intense et son industrie, appartienne pourtant à la cité d'Etat de Hambourg. Avec ses immeubles à usage de commerce et d'habitation modernes, la ville prend de plus en plus l'allure d'une grande ville autonome.

Bergedorf, situado a orillas del Bille; afluente del Elba, por su intenso y animado tráfico y su concentración industrial, pertenece a la ciudad-estado de Hamburgo.

La ciudad va tomando siempre más, debido a sus modernos centros comerciales y habitacionales, el aspecto de una ciudad grande e independiente.

Grashüpp-hüpp koop

Die idyllische Pfarrkirche Bergedorfs
wurde von dem Baumeister Sonnin
errichtet, der auch die St. Michaeliskirche baute.

Bergedorf's idyllic parish-church was
erected by the architect Sonnin who
also built St. Michael's Church.

L'adorable église paroissiale de Bergedorf fut construite par Sonnin à qui
l'on doit aussi l'église Saint-Michel.

La idílica iglesia parroquial de Bergedorf fue construida por el maestro
Sonnin, el mismo que también edificó
la iglesia de Sankt Michaelis.

Bei einem Obstbauern im Alten Land.

Fruit-grower's orchard in the "Alte Land" area.

Chez un arboriculteur de la région "Alte Land".

En el terreno de un fruticultor, en la región del "Alten Land".

Zur Zeit der Kirschblüte fährt der Hamburger ins „Alte Land", das sein Entstehen holländischen Siedlern verdankt, die hier große Obstplantagen anlegten.

During cherry blossom time the Hamburger takes a trip to the "Altes Land" which owes its origin to Dutch settlers who laid out large scale fruit orchards.

A l'époque de la floraison des cerisiers, le Hambourgeois se rend dans le "Alte Land" (Vieux Pays) qui doit sa mise en valeur à des colons hollandais. Ceux-ci y créerent de grandes plantations fruitières.

Para la fecha del "tiempo de la flor de los cerezos" el hamburgués viaja al "Altes Land" (campo antiguo), que debe su orígen a colonos holandeses, que hicieron nacer y dieron forma a las plantaciones frutales.

Im Süden Hamburgs beginnt die Lüneburger Heide, an deren Nordrand das Hamburger Helms-Museum am Kiekeberg eine Gehöftanlage eingerichtet hat.

In the south of Hamburg, the Lüneburg Heath begins; on its northern border the Hamburg Helms-Museum on the "Kiekeberg" has established a farmstead.

Au sud de Hambourg commence la lande de Luneburg. Sur sa bordure nord, le musée Helms de Hambourg a reconstitué une ferme à Kiekeberg.

Al sur de Hamburgo comienza la Lüneburger Heide, en su extremo norte ha construido el Hamburger Helms-Museum en Kiekeberg un casa campesina.

In der holsteinischen Nachbarstadt Ahrensburg befindet sich das 1595 erbaute Wasserschloß inmitten eines Parks mit herrlichem altem Baumbestand. Der weiße Renaissancebau mit den vier laternengekrönten Ecktürmen besticht durch seine noble Architektur.

In the neighbouring town of Ahrensburg in Holstein is situated a castle with moat built in 1595 and located in the midst of a park studded with glorious trees. This white Renaissance building with its four corner towers topped with lanterns is impressive through its noble architecture.

Ahrensburg, ville voisine dans le Schleswig-Holstein, possède un château entouré d'eau, construit en 1595 au milieu d'un parc planté de magnifiques arbres centenaires. Cet édifice renaissance, de couleur blanche, aux quatre tours latérales en forme de lanternes, séduit par sa noble architecture.

En la ciudad vecina de Ahrensburg que está situada en Holstein, se encuentra, en un parque con hermosas arboledas antiguas, el castillo de agua, edificado en 1595. La blanca construcción renacentista con sus cuatro torres coronadas con faroles seduce por su noble arquitectura.

In der über 700 Jahre alten Republik Hamburg hat es weder architektonischen Prunk noch die Residenz eines Herrschers gegeben. Das bestimmt noch heute das innere wie das äußere Bild der Stadt, deren Einwohner die Mächtigen dieser Welt mit einer traditionellen Skepsis betrachten, was sie nicht hindert, gekrönte Häupter mit Jubel zu begrüßen. Größer und bedeutungsvoller aber war der Applaus 1937 im Hamburger Schauspielhaus, als Werner Hinz Schillers Worte von der Gedankenfreiheit sprach. Hamburg ist aus Tradition liberal, was der Grund für seine überraschende Vielfalt ist.

Throughout its existence of over 700 years, there has never been the architectural splendour nor the residence of a ruler in the republic Hamburg. Even today this shapes the inner as well as the outer aspect of the city, whose inhabitants consider the powerful of this world with traditional scepticism; however, this does not hinder them from greeting crowned heads with jubilation. But the applause was greater and of much more significance in 1937 in Hamburg's "Schauspielhaus", when Werner Hinz declaimed Schiller's words on the freedom of thought. Hamburg is liberal by tradition which is the reason for its unexpected diversity,

Pendant les 700 ans et plus de l'ancienne République de Hambourg il n'y a eu ni faste architectonique ni résidence de souverain. Ceci se fait sentir encore aujourd'hui aussi bien dans l'aspect de la ville que dans le caractère de ses habitants, lesquels observent les puissants de ce monde avec un scepticisme traditionnel, ce qui ne les empêche pas d'accueillir les têtes couronnées avec enthousiasme. Mais plus forts et plus significatifs furent les applaudissements qui, en 1937, au Schauspielhaus (grand théâtre), saluèrent les mots de Schiller sur la liberté de pensée que prononça Werner Hinz. Hambourg est libérale par tradition, et c'est là la raison de son extraordinaire diversité.

Desde los tiempos de la antigua república de Hamburgo y por más de 700 años hasta la actualidad, no ha existido en la ciudad manifestaciones de gran lujo arquitectónico así como tampoco, ha sido la sede de la residencia de algún gobernante. Este hecho le otorga, hasta hoy en en día, una vista característica al conjunto de la metrópoli cuyos habitantes miran a los más poderosos con una cierta desconfianza tradicional lo que no les impide, sin embargo, recibir a "cabezas coronadas" con júbilo. Pero, a pesar de eso, mayor ha sido el aplauso cuando en 1937, Werner Hinz leyó las "Palabras de la Libertad de Pensamiento" de Schiller en el Schauspielhaus (teatro municipal). Hamburgo es liberal por tradición, característica que le da lugar a una variedad sorprendente.

Aus Hamburgs Vergangenheit

Ein Fremder, der die Hanse-Metropole durchstreift, wird erstaunt sein, fast keine historisch wertvollen Baudenkmäler – außer einigen mittelalterlichen Kirchen und Siedlungen – zu finden, obwohl sich die vielfältige Geschichte der Hansestadt bis ins 9. Jahrhundert n. Chr. zurückverfolgen läßt. Dafür aber weisen viele Straßenschilder auf historische Begebenheiten und Persönlichkeiten hin, die für die wirtschaftliche und geistige Entwicklung der größten Siedlung am Elbestrom von Bedeutung wurden. Drei Gründe mögen es sein, die die historischen Stätten verschwinden ließen: Die Entfestigung Anfang des 19. Jahrhunderts, der große Brand 1842 und die vernichtenden Bombenangriffe im 2. Weltkrieg 1943, die die nach dem Großen Brande wieder errichteten Gebäude endgültig vernichteten.

Karl der Große soll um 800 n. Chr., nachdem er in langen Kämpfen die Sachsen besiegt hatte, auf einem schmalen Geestrücken – südlich der heutigen Petrikirche – eine Fluchtburg angelegt haben, vor der sich das Alstertal mit der Elbe vereinigt, und die 834 erstmals „Hammaburg" genannt wird. Historisch belegt ist die Gründung Hamburgs durch Karl den Großen jedenfalls nicht. Fest steht aber, daß Karls Sohn, Ludwig der Fromme, 834 das Erzbistum Hamburg zur Bekehrung des Nordens stiftete, mit dem der Name des Erzbischofs Ansgar (831–865) engstens verbunden ist. Domkirche, Kloster, Missionsschule und Marktsiedlung mit kleinem Marktflecken entstanden. Damit war die Grundlage für die wirtschaftliche Beschäftigung mit Ackerbau und Handwerk und die der ersten Ansiedler geschaffen. Aufgabe der Erzbischöfe war, wie schon gesagt, die Heidenmission. Die Schwäche des deutschen Kaisertums brachten Hamburg in die Feindeshand der Dänen und Wenden. Letztere verwüsteten schließlich im 11. Jahrhundert ganz Norddeutschland.

Damit beginnt ein neuer Abschnitt hamburgischer Geschichte. Schauenburger Grafen beginnend mit Adolf von Schauenburg (1110) werden die Herren, die in der „Neuen Burg", die auf dem heutigen Rathausgelände 1061 angelegt worden war, herrschten. Mit dieser gräflichen Periode setzte die Einwanderung aus dem Westen, vor allem aus Holland, Friesland und Westfalen ein und damit die Weiterentwicklung der Siedlung wie der Wirtschaft Hamburgs. Elbmarschen am rechten Alsterufer westlich vom alten Hamburg werden eingedeicht; die ostelbische Kolonisation beginnt. Inzwischen war Lübeck gegründet worden, das in

den folgenden Jahrhunderten der Hauptort der Hanse werden sollte. Hamburg wurde wegen seiner günstigen Lage zwischen Nord- und Ostsee „Lübecks Nordseehafen". Historischer Höhepunkt wurde der angeblich von Kaiser Barbarossa erlassene „Freibrief" an Graf Adolf III. vom 7. Mai 1189. Er wurde die Grundlage für den ersten hamburgischen Hafen an dem krummen Alsterarm für die Freiheit des Wasserweges auf der Unterelbe, der aus dem Mündungsbereich der Alster hinausführt in die Nordsee und damit in den Atlantik. Schon 1188 war Hamburg in einem Umkreis von 15 km eine Einflußsphäre zugestanden worden, die sich im wesentlichen mit dem Gebiet der heutigen Hansestadt deckt. Die freiheitliche Entwicklung für Hamburgs Handel und seine Bürgerschaft schien durch den Freibrief gesichert. Den Einwohnern wurde freie Verfügung über die ihnen zugeteilten Plätze, Nutznießung von Weiden und Wald, Befreiung vom Bodenzins und Zoll im gräflichen Gebiet zugesichert. Der Freibrief, durch den Graf Adolf III. Hamburg zur Handelsstadt gemacht hatte und der zu einer wesentlichen Voraussetzung für die Gründung der Hanse überhaupt wurde, sei der historischen Wichtigkeit wegen kurz angeführt: „Vom Meere bis an die Stadt sollen die Bürger mit ihren Schiffen und Waren frei von Zoll und im ganzen gräflichen Gebiet keinen Abgaben unterworfen sein; im Umkreis von zwei Meilen um die Stadt darf keine Befestigung angelegt werden, und die Bürger sind von allen Kriegsverpflichtungen, sowohl vom Heerbann wie von der Landesverteidigung, befreit; ihnen ist der Fischfang in der Elbe zu beiden Seiten der Stadt je zwei Meilen weit und die Nutznießung von Wald und Weide in der Umgebung gestattet; endlich haben sie das Recht, die von den gräflichen Beamten in Hamburg geprägten Münzen nach Reinheit und Gewicht zu prüfen." Damit war der Grund zur Handelsgröße Hamburgs gelegt. Die Ausdehnung der Stadt nimmt zu; die Stadt selbst erhält seit 1240 erhöhten Schutz durch Befestigung mit Mauer und Graben. Alter Wall und Glockengießerwall sind Namen, die noch heute an die alte Befestigung erinnern. Die Bürgerhäuser waren Fachwerkhäuser, die vielfach zu künstlerischem Schmuck Anlaß gaben. Der heutige Jungfernstieg entstand aus einem etwa 1235 entworfenen Staudamm, der die Alster in die Große und Kleine Alster teilte, ein gestauter Mühlenteich, dessen Anfänge bis in die Zeit Wiads von Boizenburg reichen. Die in der Stadt lebenden Bürger waren freie Bürger. Ein Rathaus wollten sie haben „und anders keins". Der Rat wurde aus Angehörigen der Kaufmannschaft gebildet, der für das Wohl und für die Sicherheit seiner Bürger verantwortlich war. Er führte Verhandlungen mit fremden Regierungen, hatte aber auch Handel und Gewerbe zu überwachen. Ihm unterstanden die Münzen, die Zölle, die Marktgerechtigkeit, die Führung der Stadtbücher, die Stadtkasse, das Bauwesen, die Mühlen, die Brotordnung, die Salzereien sowie der Kalkhof. Dieser straffen Ratsführung verdankte Hamburg schließlich den sich immer mehr steigenden Handel. Aber auch baulich veränderte sich das Stadtbild. Kirchen wie die Petri-, Nikolai-, Katharinen- und Jacobikirche sowie die Klöster St. Marien-, Magdalenen-, Johanniskloster zu Harvestehude, das Heilwigkloster, an das die Heilwigstraße, Klosterstern und Jungfrauenthal noch erinnern, das Hospital zum Hl. Geist wie das St. Georg-Hospital gehen auf das 13. Jahrhundert zurück.

Im Jahre 1241 schlossen Hamburg und Lübeck einen Vertrag, um sich gegenseitig gegen alle Überfälle Hilfe zu leisten. Von der Hanse kann erst 1358 gesprochen werden, nachdem sich der Hansabund — eine lose Vereinigung von etwa 70 Handelsstädten — in ein westfälisches Quartier mit Köln, ein wendisches mit Lübeck, ein sächsisch-preußisches mit Danzig als Vorort organisiert hatten. Hamburg gehörte zum wendischen Quartier. Mit der Zugehörigkeit zur Hanse beginnt ein neuer Abschnitt in der Geschichte Hamburgs.

Die Hauptabsatzgebiete liegen seit der Zugehörigkeit zur Hanse naturgemäß im Westen, während die Hansafront mehr den nordischen Ländern und der Ostsee zugewandt war. Lübeck selbst als Haupt aller Hansestädte geriet deshalb mit Hamburg oft in Streitigkeiten, da Hamburg auch infolge seiner historischen Verbundenheit mit Holstein und Dänemark eine eigene Politik glaubte durchführen zu können. Es sei dabei an die Auseinandersetzungen der Hanse mit dem Dänen Waldemar IV. Atterdag, an die Kämpfe mit dem nordischen Unionsreich erinnert, wie sich Hamburg auch zögernd der Kölner Konföderation (19. 11. 1367) anschloß. Jedenfalls zog Hamburg aus der Zugehörigkeit zum Hansebund großen wirtschaftlichen Nutzen. Es wurde der große Umschlag- und Stapelplatz der flandrisch-baltisch-russischen Wirtschaftsbeziehungen. Wie das Hamburger Pfundzollbuch von 1369 ausweist, waren Getreide, Schweine, Heringe, Butter, Wachs, Malz, Honig, Nüsse, Leinwand aus dem Binnenlande wie Pelzwerk aus dem Osten, Hamburger Bier wichtige Ausfuhrgüter. Die Blütezeit des Handels liegt in der Mitte des 15. Jahrhunderts.

Nicht unerwähnt darf dabei bleiben, daß sich die Hamburger Seeschiffe gegen Seeräuber, die die Elbemündung zu beherrschen suchten, zu erwehren hatte. Eine der bekanntesten Figuren war Klaus Störtebeker, der mit seinen Spießgesellen bei Helgoland durch das hamburgische Schiff „Die Bunte Kuh" 1401 überwältigt, gefangen und auf dem Grasbrook enthauptet wurde. Zur Abschreckung wurden die Köpfe der Enthaupteten auf Pfählen längs der Elbe aufgestellt. Das war die Justiz auf dem Grasbrook.

Sicherung des Hafens, Erweiterung des Handels wie der Schiffahrt und die Sicherstellung der Ernährung der immer mehr zunehmenden Bevölkerung führten zu erheblichen kirchlichen Gebietserweiterungen, die im 16. Jahrhundert dann säkularisiert wurden. So wurden Groß- und Kleinborstel, Eimsbüttel, Eppendorf, Winterhude, Ohlsdorf, Langenhorn, Fuhlsbüttel, Eilbek, Hamm, Horn, Billwerder und Hammerbrook hamburgisch. Bergedorf, Geesthacht und die Vierlanden kamen mit Gewalt in den Besitz der Hansestadt, da sich der eigentliche Besitzer dieser Gebiete, der Herzog von Sachsen-Lauenburg-Ratzeburg Übergriffe gegen Hamburger Kaufleute erlaubt hatte. Moorwerder, Ochsenwerder, Glindesmoor waren auch im 14. Jahrhundert zu Hamburg gekommen. Mit dem Erwerb von Nordfinkenwerder 1445 sicherte sich die Hansestadt den Zugang zur Unterelbe. Sie wird die beherrschende Zufahrtsstraße.

Seitdem Hamburg seit 1350 politische Selbständigkeit erlangt hatte, trug die Verfassung der Stadt durchaus aristokratische Züge. Neben vier Bürgermeistern — zwei waren die regierenden mit erweiterten Rechten versehen — standen 20—25 Ratsherren. Sie waren die Obrigkeit der Hansestadt. Zweimal jährlich berief der Rat die gesamte Bürgerschaft zu „Burspraken" — das sind Bürgeransprachen —, in denen neue Verordnungen von der „Laube" aus verlesen wurden. Zusammenkünfte der Bürger ohne Genehmigung des Rates waren verboten. Die zwischen Rat und den Bürgern abgeschlossenen Verträge hießen Rezesse. Der erste Rezeß wurde 1410 abgeschlossen, den man später als die „Magna Charta" bezeichnete, „um gode fründliche Endracht to hebben, so Gott will, in tokomenden Tiden in dieser Stadt". Unstimmigkeiten unter den Bürgern werden dem Rat durch die Kirchspielvorsteher vorgetragen. Sie waren die ständigen Verordnete der Bürgerschaft — „Oberalte" genannt. Es waren 12 an der Zahl. Damit hatten jedoch die anderen Bürger der Stadt ihr Mitspracherecht nicht verloren. Gemeinsame Entscheidungen faßte der Rat und Bürgerkonvent. Es wurde öffentlich verhandelt. Diese Konvente durften allerdings nur von Bürgern besucht werden, die innerhalb Hamburgs ein Erbgrundstück mit einem Kapital von mindestens 1 000 Talern besaßen. Das war die „Erbgesessene Bürgerschaft", so legten es die Rezesse von 1483, 1529 und 1712 fest. Aristokratische und demokratische Kräfte hatten mit dem Rezeß von 1712 einen Ausgleich erfahren. Der Grundsatz der gemeinsamen Regierung durch Rat und die Mitverantwortung der Bürgerschaft war hergestellt. Zur Bekräftigung ihres Amtes mußten die Amtsträger schon 1483 einen plattdeutschen Eid, den Bürgereid, leisten, der bis 1918 Gültigkeit hatte. Der Anfang dieses Eides lautete: „Ick lave und schwere tho Gott dem Allmächtigen, dat ick düssem Rahde und düsser Stadt will truw und hold wesen, Eer Bestes söken unde Schaden affwenden, alse ick beste kan und mag."

Während Hamburg schon im 15. Jahrhundert eine nicht unbedeutende Machtstellung einnahm und seinen Einfluß in den Küstenländern der Nordsee kräftig geltend machte, hatte es noch nicht die vollständige Anerkennung seiner Unabhängigkeit erreichen können. Obgleich die Hansestadt bereits 1431 in die Reichsmatrikel aufgenommen worden war, konnte sie erst 42 Jahre später den Reichstag zu Augsburg besuchen. Zur freien Reichsstadt wurde sie erst am 3. Mai 1510 erklärt. Die offizielle Bezeichnung „Freie und Hansestadt" führt sie seit 1819, womit sie von da an freiwillig Anteil an den Pflichten der Gemeinschaft der deutschen Stämme hatte.

Eine wichtige Epoche wurde für Hamburg die Einführung der lutherischen Reformation im 16. Jahrhundert. Stephan (Steffen), ein in den Niederlanden geborener Franziskanermönch, predigte erstmals 1523 im Maria-Magdalenenkloster in lutherischem Geiste, der sich von da an in der Bürgerschaft unaufhaltsam ausbreitete. Der eigentliche Reformator Norddeutschlands wurde der Freund und Mitarbeiter an der Bibelübersetzung Martin Luthers, Johannes Bugenhagen aus Wollin (1485–1558), der erste evangelische Superintendent Hamburgs 1528. Er war der Organisator des reformatorischen Kirchen- und Schulwesens. In der Zeit seines Hamburger Aufenthaltes bis 1529 schuf er die Hamburgische Kirchenordnung, die am 23. 5. 1529 von allen Kanzeln verkündet wurde, wie er sich auch der Neugestaltung des Armenwesens annahm. Die führende Stellung im hamburgischen Schulwesen übernahm die „Gelehrtenschule des Johanneums". Knaben- und Mädchenschulen wurden eingeführt, die Klöster aufgehoben. Das „Johanneum", das „akademische Gymnasium", sollte nach dem Wunsche Bugenhagens die Übergangsstufe zur Universität sein. Es sollten hier alle diejenigen Wissenschaften gepflegt werden, durch die die Jugend zu allgemeiner Bildung gelangen

könnte. Auf dieser Grundlage hat das akademische Gymnasium dann sehr schnell einen großen Aufschwung genommen, so daß es schon im Anfang des 30jährigen Krieges als eine der besten deutschen Bildungsanstalten angesehen war. Hamburg wurde lutherisch, blieb es und wurde zur Vorkämpferin des evangelischen Glaubens in Norddeutschland.

In der Zeit, in der in der Hansestadt die Reformation Boden gewann und eine völlige Neugestaltung kirchlicher und politischer Verhältnisse herbeigeführt wurden, fanden mit Dänemark und Schweden kriegerische Auseinandersetzungen statt, wobei vor allem Lübeck stark in Mitleidenschaft gezogen wurde. Die Dänen wollten die Herrschaft in der Ostsee wiedergewinnen. Jürgen Wullenwever, der Bürgermeister von Lübeck, der den Kampf aufnahm, scheiterte an der Uneinigkeit der hansischen Städte und damit war der Niedergang des Hansebundes besiegelt. Die letzte allgemeine hanseatische „Tagfahrt" fand 1669 in Lübeck statt. Die Erneuerung des alten Bundes kam nicht zustande, nur die drei Hansestädte Lübeck, Bremen und Hamburg führten die Tradition der Hanse fort. 300 Jahre hatte die deutsche Hanse bestanden und diese Zeit gehörte zu Hamburgs stolzesten Erinnerungen. Der Hamburger Handel nahm trotz der Auflösung der Hanse einen gewaltigen Aufschwung, während die anderen Hansestädte zur Bedeutungslosigkeit herabsanken. Hamburg wurde der größte Getreideexporthafen Nordeuropas, wie auch dem Tuchhandel eine ganz bedeutende Rolle in der Wirtschaft zukam. Daraus ist es auch zu erklären, daß sich immer mehr Fremde – vor allem holländische Protestanten – in der Hansestadt niederließen, die wesentlich mit dazu beitrugen, daß Hamburg einer der wichtigsten Handelsplätze Europas wurde. Von den Holländern übernahmen die Hamburger auch die wichtige Einrichtung der Börse, die 1558 nach dem Vorbild von Amsterdam gegründet wurde. In Amsterdam hatte man festgestellt, wie sich dort die Kaufleute regelmäßig versammelten, um ihren Großhandelsverkehr abzuwickeln. 1619 entstand die Hamburger Bank.

Die Wirren, die durch die Glaubenskämpfe im 17. Jahrhundert im Reiche ausbrachen, gingen auch an Hamburg nicht ganz spurlos vorüber. Schwierigkeiten gab es mit dem dänischen König Christian IV., der zwar auch dem lutherischen Glauben angehörte, aber gegen die durch das Reichskammergericht 1618 ausgesprochene Reichsunmittelbarkeit Hamburgs schärfsten Protest einlegte und die Hamburger „hochmütige Krämer und Pfeffersäcke, schmierige Heringshändler und Bärenhäuter" nannte. Von ihm konnte die Stadt keinen Schutz erwarten. So griff sie zur Selbsthilfe und ließ einen starken Festungsgürtel um die Stadt bauen. Damals geschah es auch, daß die Binnenalster von der Außenalster durch einen Damm getrennt wurde und nur eine Durchfahrt von 30 m frei blieb. Es ist auch die Zeit, in der der erste Hafen auf der Elbe, der „Niederhafen", entstand. Zum Befestigen der Schiffe wurden damals die „Dückdalben" in den Strom gerammt. Da der Schauplatz des 30jährigen Krieges sich vor allem auf Mittel- und Süddeutschland konzentrierte, blieben die norddeutschen Küstenländer von den kriegerischen Handlungen fast verschont. Im Westfälischen Frieden 1648 verlor Dänemark Bremen und Verden an Schweden; eine für Hamburg wichtige Entwicklung, da Hamburg die Gefahr, daß die untere Elbe von Dänemark beherrscht werden könnte, wesentlich vermindern konnte. Die von Christian IV. an der Elbe gegründete Stadt Glückstadt als Stützpunkt dänischer Herrschaft und wichtiger Zolleinnahmeplatz gedacht, mußte am Ende des 30jährigen Krieges aufgegeben werden. Hamburg blieb unversehrt. Die Stadt selbst bestand seit dem 17. Jahrhundert infolge des großen Fremdenzustromes aus „Neustadt" und „Altstadt". 60 000 Menschen wohnten Hamburg damals bewohnt haben. Dadurch, daß sogar die Höfe hinter den Wohnhäusern bebaut wurden, entstanden die bekannt gewordenen Höfe- und Gängeviertel.

Das 17. und 18. Jahrhundert stand unter dem Zeichen des mächtigen Aufblühens des Übersee- und Mittelmeerhandels. Hamburg wurde zum Umschlagplatz für französische, englische und amerikanische Kolonialwaren wie Weine, Reis, Zucker, Kaffee, Kakao, Tabak, Baumwolle und Gewürze. Die Stadt wurde das „Packhaus und Magazin für ganz Deutschland". Die französische Revolution 1789 jedoch mit ihren politischen und kriegerischen Auswirkungen stellten das Errungene sehr in Frage. Hamburg blieb von den Koalitionskriegen Napoleons nicht verschont, und nachdem Kaiser Franz II. 1806 auf die deutsche Kaiserkrone verzichtet hatte, wurde aus der „Kaiserlich freyen Reichsstadt Hamburg" die „Freie Hansestadt". Französische Truppen besetzten die Stadt. Die Einwohner wurden zu harten Arbeiten gezwungen; die Hamburger Bank mit allen gemünzten Gold- und Silberwaren beschlagnahmt. Mit der durch Napoleon am 21. 11. 1806 erlassenen Kontinentalsperre sollte dem Hamburger Handel der Todesstoß versetzt werden. Trotz aller Verbote und Androhungen blühte der Schleichhandel über die englische Insel Helgoland und die dänische Grenze bei Altona.

Erst nach dem Zusammenbruch der napoleonischen Herrschaft 1814 wurde die Hansestadt wieder frei. Viele Jahre vergingen, ehe die Schäden dieser unglücklichen Kriegszeit überwunden waren. Im neuen „Deutschen Bund" nannte sich Hamburg seit 1819 „Freie und Hansestadt" und nahm an den politischen Pflichten des Bundes regen Anteil. Der Handel mit den nord- und mittelamerikanischen Ländern entwickelte sich wieder zu hoher Blüte, dem später Handelsbeziehungen zu Ostasien, Australien und Afrika folgten. So wurden, wie es Lichtwark ausdrückte, die Kaufleute im Auslande die Pioniere Hamburgs. Die Zölle zwischen Böhmen und der Elbemündung wurden 1821 aufgehoben. Der noch gebliebene Stader Zoll fiel 1861. Der Hamburger Hafen wurde der große internationale Markt und Handelsplatz, von dem der hamburgische Museumsdirektor Lauffer mit Recht sagte: „Nur wer den Hafen kennt, kann sagen, er kenne Hamburg. Zum Meere ziehen Hamburgs Hoffnungen und Hamburgs Sorgen. Vom Meere kommt Hamburgs Reichtum und Hamburgs Glück". Als Welthafenstadt hat Hamburg die große Aufgabe zu erfüllen, im Geiste des Friedens Mittlerin zwischen allen Erdteilen und Völkern der Welt zu sein. Zum Hafen gehört auch der Freihafen von den Elbbrücken bis zum Köhlbrand, in dem ausländische Waren zollfrei eingeführt werden.

Einen schweren Rückschlag erlitt die Hansestadt durch den am 5. Mai 1842 in der Deichstraße ausgebrochenen vier Tage wütenden Brand, der in den eng aneinandergereihten Fachwerkhäusern gute Nahrung fand. Am Jungfernstieg und am „Brandsende" konnte dem Feuer Einhalt geboten werden. Das Rathaus am Neß, die Kirchspiele St. Nikolaus, St. Petri, St. Jacobi und St. Gertrud mit ihren Kirchen, die alte Börse, die Bank und viele schöne Kaufmannshäuser waren ein Opfer der Flammen geworden. Verschont blieb vom Feuer die neue Börse, ebenso das Johanneum mit den unersetzlichen Schätzen der Stadtbibliothek. Der Rat — später Senat genannt — sowie Bürgermeister nahmen Zuflucht in einem früheren Waisenhaus in der Admiralitätsstraße. Die Mutlosigkeit der Hamburger war in den ersten Wochen erschreckend. Betrug doch der Schaden 90 Millionen Mark. Aber bald siegte doch der Lebenswille wieder. Der „Correspondent" schrieb am 9. Mai 1842: „Hat auch der Kaufmannsstand schwere Verluste zu beklagen, so können wir doch mit freudiger Überzeugung das Wort aussprechen, daß der Haupthebel unserer politischen und kommerziellen Stellung, der uralte Bürgersinn und das Vertrauen zu unseren eigenen Kräften unter dem Beistande des Allmächtigen unerschüttert geblieben ist. Der größte Teil unserer Stammläger, sowie die Fonds der Bank sind unversehrt vorhanden. In unserem Hafen wehen nach wie vor die Wimpel aller Nationen, gleichsam als Unterpfand, daß

Hamburg auch hinführo ein Zentralpunkt des Handels bleiben werde." Die Architekten Gottfried Semper, Ludolf, Klees-Wölbern und Alexis de Chateauneuf schufen die moderne Großstadt Hamburg. Das Neue Rathaus auf dem heutigen Rathausmarkt entstand in 11jähriger Bauzeit und wurde im Oktober 1897 seiner Bestimmung übergeben. Einige Zeit nach dem Brande betrug die Einwohnerzahl bereits wieder 170 000 Menschen. Alsterdampfer verkehrten seit 1859, Pferdebahnen seit 1866 und elektrische Straßenbahnen seit 1893. Die ersten Eisenbahnverbindungen nach Bergedorf-Berlin wurden angelegt. Schließlich wurde der Hamburger Hauptbahnhof Mittelpunkt des nach allen Himmelsrichtungen ausstrahlenden Schienennetzes. Der Überseehandel gewann durch die Gründung der Reedereien von Carl Woermann, Laeisz, J. C. Godeffroy und durch die Schiffahrtsgesellschaften Hamburg-Süd, Hapag usw., die anfänglich unter der Hamburger Flagge mit Seglern fuhren und sich allmählich – 1886 erstmals die Hapag – auf Dampfschiffahrt umstellten. Die Entwicklung der Hapag (Hamburg-Amerikanische-Paketfahrt-Aktien-Gesellschaft) deckte sich bald nicht mehr mit der eigentlichen Bestimmung vom 27. 5. 1847, nämlich Pakete, Stückgüter und Postsachen zu befördern. Die Beförderung von Reisenden wurde ihr eigentliches Feld und im Laufe der Zeit stellte sie über 50 regelmäßige Linien nach allen Teilen der Welt her. Den großen Umschwung hatte der ungewöhnlich tüchtige Albert Ballin herbeigeführt.

Das alles waren Dinge, die auch zur äußeren Veränderung des Stadtbildes beitrugen, wie auch der 1911 eröffnete Elbtunnel eine neue Verbindung im den Wagen- und Fußgängerverkehr mit dem Südufer der Elbe herstellte. Dieser Tunnel war notwendig, da sich die Werften jenseits der Elbe befinden. Hamburg war die Stadt des Schiffbaues geworden (Blohm und Voß, Vulkan-Werft, Deutsche Werft). Das Jahr 1860 wurde für Hamburg ein bedeutendes politisches Jahr. Es war das Jahr der völligen Neuordnung der staatlichen Verhältnisse. Wie in der Verfassung von 1712 lag die höchste Staatsgewalt auch weiterhin gemeinsam bei Senat und Bürgerschaft. Doch waren wesentliche Änderungen nach 36 Bürgerschaftssitzungen eingetreten. Der Senat – früher Rat genannt – ergänzte sich künftig nicht durch Zuwahl, sondern unter Mitwirkung der Bürgerschaft und bestand aus 18 Mitgliedern, von denen mindestens 9 Juristen und 7 Kaufleute sein mußten. Der Erste und Zweite Bürgermeister wurde aus den Reihen der Senatoren gewählt. Am 28. 9. 1860 wurde die neue Verfassung verkündet. Seit 1879 besteht die Bürgerschaft aus 160 Mitgliedern, die in allgemeiner direkter Wahl von allen Hamburger Männern über 25 Jahre alt gewählt und die mindestens 1 210 Mark versteuerten. Mit der Revolution von 1918 änderte sich die Verfassung wieder. Eine neue Verfassung wurde am 7. 1. 1921 verabschiedet. Mit dem Grundsatz „Die Staatsgewalt geht vom Volke aus" wurde die Bürgerschaft die Vertreterin des Volkes, die für 3 Jahre von allen über 20 Jahre alten männlichen und weiblichen Reichsangehörigen, die in Hamburg ihren Wohnsitz haben, gewählt wurde. Die Abgeordneten der Bürgerschaft waren die Vertreter des Volkes. Die Bürgerschaft war das Landesparlament geworden, die parlamentarisch verantwortliche Regierung, die die 16 Senatoren wählt und die allein die Gesetze gibt. In geheimer Abstimmung wählt der Senat wiederum die beiden Bürgermeister. Hamburg hatte damit die demokratische Staatsform verwirklicht.

Während des 3. Reiches gab es nach dem Gesetz der „Gleichschaltung aller Länder" vom 31. 3. 1933 keine Bürgerschaft mehr, die erst nach dem Zusammenbruch 1945 wieder zusammentrat. In dieser Zeit wurde „Großhamburg" geschaffen, indem Altona, Harburg-Wilhelmsburg, Wandsbek 1937 zu Großhamburg vereinigt wurden. Die Stadt hieß ab 1938 nur noch „Hansestadt Hamburg".

In der Verfassung der „Freien und Hansestadt Hamburg" vom 6. 6. 1952 heißt es: „Die Abgeordneten sind Vertreter des ganzen Volkes. Sie sind nur ihrem Gewissen unterworfen und an Aufträge nicht gebunden. Der Senat ist die Landesregierung der Freien und Hansestadt Hamburg. Er bestimmt die Richtlinien der Politik des Stadtstaates." Großhamburg blieb bestehen. Die Verwaltung der Stadt wird durch den Senat beaufsichtigt.

Der 2. Weltkrieg hat Hamburg schwere Wunden zugefügt. Den Höhepunkt der Zerstörungen bildete das Jahr 1943. 42 000 Männer, Frauen und Kinder büßten damals ihr Leben ein. Ein Erinnerungsmal auf dem Ohlsdorfer Friedhof bewahrt diesen Opfern ein ehrendes Andenken. Die Schäden sind, wie so oft in Hamburgs Geschichte bewiesen, schnell behoben worden. Hamburg ist wieder die alte Welthafenstadt mit fast 2 Millionen Einwohnern geworden.

Aber nicht nur auf dem wirtschaftlichen Sektor wurde die Hansestadt führend, sondern auch auf dem kulturellen nahm sie eine maßgebliche Stellung ein. Auf Ansgar und Bugenhagen wurde schon hingewiesen. Bugenhagens Schüler Johannes Aepinus aus der Provinz Sachsen (1499–1553) wurde Bugenhagens Nachfolger im Kirchenamt. Hört man den Namen Matthias Claudius (1740–1815), so verbindet sich damit sofort sein Werk „Der Wandsbeker Bote". Dieses bescheidene Blättchen errang dank der Beiträge der besten Autoren der Zeit aus den Kreisen des Sturmes und

Dranges und durch die eigenen Arbeiten des Herausgebers eine hervorragende Stellung in der literarischen Welt. Er war der Dichter, der nicht nur mit der Natur lebte, sondern auch seinen Empfindungen den rechten, schlichten, noch heute lebendigen Ausdruck verlieh. Ein anderer, recht aktiver Vertreter der Philanthropen, der Menschenfreunde, lebte ebenfalls in Hamburg. Es war Joachim Heinrich Campe (1746–1818), der sich als Jugendschriftsteller einen Namen machte. Sein bekannter „Robinson Defoe" war nicht nur eine Erzählung, sondern vor allem als Erziehungswerk gedacht. Um die Reinigung der deutschen Sprache von überflüssigen Fremdwörtern hat sich Campe große Verdienste erworben. Anders geartet als Claudius war Gotthold Ephraim Lessing (1729–1781), den Hamburg auf der Höhe seines Strebens zu seinen Mitbürgern zählen durfte. Der dann von Hamburg fortging, um als Bibliothekar in Wolfenbüttel sein Leben zu beschließen. Lessing war der Kämpfer gegen den französischen Einfluß für das nationale Selbstbewußtsein. Wie ernst er seine Aufgabe nahm, zeigt seine „Hamburgische Dramaturgie", die eine reiche Fülle von Anregungen in dieser Richtung enthielt. Eng mit Hamburg war auch Paul Fleming (1609–1640), der Dichter des schönen Chorals „In allen meinen Taten", verbunden. Er wurde in der St. Katharinenkirche begraben. Ein Dichter, der durch seine Fabeln, Erzählungen, Oden und Lieder den Weg ins literarische Rokoko wies, war der 1708 in Hamburg geborene Friedrich Hagedorn, den Lessing für den größten Dichter seiner Zeit erklärte. Ein Dichter, der seit 1773 dauernd seinen Wohnsitz in Hamburg nahm, war Friedrich Gottlieb Klopstock (1724–1803). Hier schrieb er seine Oden und Epigramme von bis dahin kaum gekanntem Schwunge. Seine Werke – vor allem „Der Messias" – gaben der deutschen Dichtung eine ganz neue Ausdrucksrichtung. Der Hexameter wurde durch ihn zu einer deutschen Versart. Die Ode ist sowohl mit geistlichem wie vaterländischem Inhalt Klopstocks dichterische Hauptform. In Ottensen wurde er auf dem Friedhof der Christianskirche unter der „Klopstocklinde" beigesetzt. Ein bedeutender Naturwissenschaftler des 17. Jahrhunderts war Joachim Jungius (1587–1657), der als Professor der Naturlehre und Rektor am akademischen Gymnasium, dem Johanneum, wirkte. Er trug als Voraussetzung für die Systematisierung des Wissens aus Literatur und eigener Beobachtung umfangreiches Material auf den Gebieten der Geographie, Geschichte, der Medizin, der Botanik, der Erz- und Hüttenkunde sowie der mechanischen Techniken zusammen. Jungius zählte zu den großen deutschen Gelehrten seiner Zeit.

Von den Tondichtern, die in Hamburg gewirkt haben, seien nur genannt: Philipp Emanuel Bach, Johann Sebastian Bach, Johann Mattheson, Georg Friedrich Händel, Felix Mendelssohn-Bartholdy, Johannes Brahms. Heute hat Hamburg einen guten Ruf als Theaterstadt: Staatsoper, Schauspielhaus, Thalia-Theater, Ernst Deutsch-Theater, Kammerspiele und eine Reihe kleinerer Bühnen. Hamburgs Kunstpflege am Ende des 19. Jahrhunderts ist nicht zuletzt der Persönlichkeit von Alfred Lichtwark (1852–1914) zu danken. Sein bedeutsamstes Werk ist die Kunsthalle. Der Grundgedanke war bei der Gründung, daß die Kunst als Erziehungsmacht besonders im Leben junger Menschen wirken muß. Auch das Museum für Kunst und Gewerbe geht auf Lichtwark und seinen Lehrer Justus Brinckmann zurück.

Von der Hammaburg bis zur Welthafenstadt Hamburg gibt das Museum für Hamburgische Geschichte ein lebendiges Bild. Als Ergänzung dazu kann man das Altonaer Museum betrachten. Wissenschaftliche Forschungsergebnisse bei fremden Völkern können im Museum für Völkerkunde und Vorgeschichte studiert werden.

Aus dem 1908 durch den Bürgermeister von Melle gegründeten „Hamburgischen Kolonialinstitut" entwickelte sich im Mai 1919 in dem von Edmund Siemers am 12. Mai 1911 gestifteten Vorlesungsgebäude die Universität Hamburg. Bei der feierlichen Übergabe des Gebäudes an den Staat sagte Siemers: „Es ist eine Wahrheit, der bestunterrichteten Nation gehört die Zukunft. So möge denn der Bau zum Ausbau der wissenschaftlichen Bestrebungen dienen, möge er zur Hochschule, zur Universität führen. Mit dem Motto, welches ich über dem Eingang anbringen ließ: Der Forschung, Der Lehre, Der Bildung! übergebe ich das Vorlesungsgebäude unseren Behörden für seine Bestimmung." Mäzenatentum war in der Hansestadt immer zu Hause. Der erfolgreiche Kaufmann stiftete einen Teil seines Vermögens dem Wohle der Mitbürger. Auf diese Weise entstand nicht nur das Vorlesungsgebäude, die Vorstufe zur Universität, sondern so kam es auch zur Kunsthalle, zur Musikhalle, und so gelang nach dem 2. Weltkrieg der Wiederaufbau der Staatsoper.

So repräsentiert sich Hamburg als größter Hafen Deutschlands und zugleich als größte Industriestadt. Immer begegnet man in dieser Metropole liberalem und weltoffenem Verständnis und einer glücklichen Verbindung von Tradition und Gegenwartsbewußtsein.

Zusammengefaßt von Dr. phil. Herbert Pönicke

HAMBURG um 1750